KIHACHI流野菜料理12ヵ月

熊谷喜八

講談社+α文庫

はじめに

「キハチの料理は、野菜が多いですね」と、お客様がお声をかけてくださいます。キハチでは、約60～70種類の野菜を常備して使っています。種類もフランス料理では定番の洋野菜から、青梗菜《チンゲンツァイ》や黄にら、マコモダケなどの中国野菜、タイのコブみかんの葉やレモングラスまで、野菜もまさに無国籍。世界各国、様々のジャンルの野菜を使っています。

　中国野菜を使い始めた頃は、洋食にはあわないと言われました。でも、どのような料理ができるかは組み合わせ次第です。まずは、食材を知ることから始めてみること。そうすれば、色々なアイディアが生まれてくるはずです。

　もともとは、私は、大の野菜好きです。キハチをオープンする前に、『美味《おい》しんぼ』で知られる雁屋《かりや》哲《てつ》さんの取材旅行にかばん持ちとしてご一緒させていただき、日本全国のこだわりの生産者を回ったことが、きっかけでした。当時は、まだ有機や無農薬という言葉さえ知られていない頃で、こだわって、ほんとうにいいものを作っているけれど、なかなか販路を見つけられず、経営が行き詰まっている生産者にたくさん出会いました。

そうした生産者の方々のためになればと思い、１９８７年にキハチをオープンした際にはレストランの半地下のスペースを開放して、日本全国から選りすぐったこだわり野菜や食材を売るマーケットを開きました。産地から泥つきのまま送られてくる新鮮な野菜を目当てに、ご来店くださるお客様も多数いらっしゃいました。新鮮な野菜が大好きな私にとって、このマーケットはほんとうに楽しい経験でした。

産地に行くとよくわかるのですが、こだわって作っている生産者の方は、ほんとうに毎日毎日、野菜と顔をつきあわせ、きゅうり１本、かぼちゃ１個、そのひとつひとつをよりおいしく安全に食卓に届けたいという思いで作っています。そうした姿を見ていると、野菜ひとつとっても、種子から苗に、苗から実をつけるまで、丹精に育てられた〝命〟だと実感します。

私達人間は、動植物の命を食べて生きています。つい忘れがちですが、忘れてはいけない大切なことです。だからこそ、料理人は、食材を作ってくれた方に敬意をはらい、動植物の命を粗末にしないためにも〝絶対においしいもの〟を作らなければいけないと思っています。それが料理人の使命でもあり、心でもあります。

最近、「食育」と盛んに言われています。子ども達に、生きていくための生命の循環を教えてあげることが、何より大切だと私は思います。言い換えれば、いま自分が食べているものが、どこから、どうやってとれたもので、それを消費することで、生命全体にとってどんな影響を及ぼすか。そしてひいては、自分の子どもの将来も左右することにもつながるということを意識させることが必要です。

食べることは生きることです。旬の野菜には、その季節を乗り切るパワーがあります。本書では月ごとの野菜を使った旬の料理をたくさん紹介しています。ご家庭で気軽に野菜料理をたくさん作ってください。そうした日々の食卓が豊かになるお力になれたなら、これ以上、著者冥利につきることはありません。

最後に、本書を出版するにあたってたくさんのお力添えをくださった方々に、この場をお借りして心より〝ありがとう〟の言葉を贈ります。

２００６年９月

熊谷《くまがい》喜《き》八《はち》

◉目次

はじめに 3

本書のきまり 14

キハチの腕ききシェフが自在に調理してみせます 16

なんたって、ボスが大の野菜好きなんです 18

1月

青菜

青菜しゃぶしゃぶ 20

青菜とピータンの炒め 24

中国野菜のソテーサラダ 26

壬生菜とほうれんそうサラダ　28

2月　根菜

にんじん・ふかひれスープ　30
かぶのココナッツミルク煮　34
ごぼうと地鶏のトスカーナ風　36
きんきの蒸し煮針ごぼうのせ　38

3月　キャベツ・花野菜

回鍋肉　40
カリフラワーのサブジ　44
ブロッコリーと干し貝柱炒め　46

4月　アスパラガス・竹の子

グリーンアスパラと竹の子のロースト　48
新竹の子のトマト煮込み　52
アスパラガスのグラタン　54

5月　お豆

いろいろお豆とソーセージ煮込み　56
枝豆・うなぎのタイ風甘辛煮　60
ばあちゃんのそら豆　62
スナップえんどうのオキアミ塩辛炒め　64

6月　ピーマン・トマト

トマトとピーマンのラタトゥイユ　66
ピーマン&トマトのタイ風サラダ　70
トマトと棒牛肉の炒め煮　72

7月　なす・きゅうり

なすのピリ辛ビーフン　74
オリエンタルな焼きなすサラダ　78
かぼちゃといっしょの揚げなすサラダ　80
きゅうりの梅味巻き揚げ　82

8月

夏野菜

モロヘイヤの酸辣湯麺 84
オクラとイクラの冷製パスタ 88
つるむらさきと鮮魚の煮込み 90
卵チャーハンのオクラあんかけ 92

9月

かぼちゃ・ズッキーニ

かぼちゃとトリッパ煮込み 94
かぼちゃのチャイナ風煮物 98
ズッキーニのピュレ 100

10月

きのこ

いろいろきのこのグラタン　102
きのこのリゾット　106
ポルチーニのパイ包み焼き　108
いろいろきのことはまぐりのガーリックソテー　110

11月

芋

中華風芋グラタン　112
じゃが芋と地鶏のローズマリー風味ロースト　116
里芋のねぎ風味炒め　118

12月　白菜

白菜の土鍋煮込み　120
白菜のシーザーサラダカリカリベーコン添え　124
白菜のピリ辛マヨネーズグラタン　126

キハチ料理の話

キハチ誕生秘話　「キハチスタイル」はどうやって生まれたのか？　130
キハチと農家の話　うまさの秘密は栃木の農園から　132
健康野菜スープの話　ボスの朝ごはん　134
ボスの元気の素スープ　135
料理修業の話　キハチのまかない飯　136

ねぎ焼き　137
野菜作りの話①　大使館の庭で野菜作りを始めた　138
セロリの葉と茎のピリ辛炒め　139
野菜作りの話②　モロッコで生まれた定番メニュー　140
モロッコ炒め　141

本書のきまり

◎カップ1は200cc（mℓ）、大さじ1は15cc（mℓ）、小さじ1は5cc（mℓ）です。
◎小麦粉は薄力粉のことを指します。
◎ＥＸＶオリーブ油とあるのは、エクストラヴァージンオリーブ油のことです。
◎ブイヨンは、シェフはきちんと素材からとって料理にあわせて使い分けていますが、ご家庭では市販のブイヨンキューブ、コンソメ顆粒で代用してください。
◎ナンプラーは、タイ産の魚醤のこと。独特のにおいがあり、たいへん塩辛いがうまみのある調味料です。日本の「しょっつる」やベトナムの「ニョクマム」で代用可です。
◎水溶き片栗粉は、片栗粉を同量の水で溶いたものです。

KIHACHI流野菜料理12ヵ月

旬の野菜をフレンチ、イタリアン、そして無国籍風に。

キハチの腕ききシェフが自在に調理してみせます

焼きなすが、ドレッシングをかえることで、チャイニーズやアジアっぽい料理に。和風にしか使えないと思っていたごぼうが、香り高いイタリアンに。はたまた竹の子をトマトソースで煮込んだりと、キハチのメニューには自由な発想が光っている。

熊谷シェフが、南青山にレストラン「キハチ」をオープンしたのは１９８７年。当時、フレンチをベースにした無国籍の味は大きな話題になった。キハチに行けば、これまでに食べたことのない野菜や食材に出会えるということで、またたく間に評判になったのだ。現在でも、その自由自在なキハチのスタイルは変わらずに貫かれており、今や日本全国で大勢の人が支持する。

本書では、新鮮な素材を自由自在に使って料理を創り上げる、キハチシェフ自慢のレシピを一挙公開。存分に味わってみてください！

異国の地で日本の野菜まで作ってしまうほど。

なんたって、ボスが大の野菜好きなんです

ボスこと熊谷シェフが料理人の世界に入りたての頃の話。最初の仕事場はモロッコの日本大使館だった。モロッコは冬知らずの国なので、市場に行けば野菜は山とある。でも、大根、ごぼう、白菜などの、日本でとれるおなじみの野菜なんて、異国の地にはもちろんない。

そこで、若きボスは野菜畑まで作ってしまったのだ。日本から種を取り寄せ、畑を耕して蒔《ま》いてみた。すると、食べきれないほどの収穫だった。

とにかくおいしい野菜がなくちゃ。だから、初めて自分の店を開いた時も、うまい野菜にこだわった。うまい野菜というのは、姿形ではない。曲がったきゅうりでも味がよければキハチの厨房では大歓迎。そこにボスゆずり、シェフの創造力がプラスされる。それがキハチの野菜メニューのうまさだ。

JANUARY

1月

青菜

正月休みも終わり、フレッシュな気持ちでスタートの月。厨房には、霜にあたってうまさを増した青菜が届く。ビタミンいっぱい、風邪を吹きとばす威勢のいい緑は、サラダに、炒め物にと食卓に新年らしい新鮮な彩りを添える。クシュン！　オヤオヤ、厨房でだれかがクシャミをした。そんな日は、まかないにシェフ特製のありったけ青菜の熱々鍋が登場する。

＊

野菜主体といってもスープが韓国料理のチゲ鍋風だから、ピリ辛がきいて、汗ばむくらいホッカホッカの鍋なんです。野菜はせりや根三つ葉とか、香りの強いのがうまい。あと、ごぼうも欲しいよね。野菜が足りてない日には絶対ですよ、この鍋。

青菜しゃぶしゃぶ

ありったけの青菜を
コチュジャンベースの鍋に

作り方は次ページ

青菜しゃぶしゃぶ

材料（４人分）

青菜（せり、根三つ葉、春菊、青梗菜《チンゲンツアイ》、塌菜《ターツアイ》、小松菜など）
……………………………各適量

長ねぎ、ごぼう ………各適量

豚しゃぶしゃぶ用肉
…………………100～200ｇ

スープ

- 昆布とかつお節でとっただし汁 …………………２ℓ
- コチュジャン、しょうゆ ………………各大さじ３
- 粉唐がらし …………適量
- すり白ごま ……大さじ２
- ごま油 …………………少々

餅 …………………………適量

作り方

❶スープの材料を全部、鍋に入れて熱くする。最初はやや濃いめだが、煮ながら食べていくうちに野菜から水分が出てちょうどよくなってくる。

❷青菜はざくざく大きめに切る。長ねぎとごぼうは細切りに。（写真１）

❸熱いスープに野菜と豚肉を入れてしゃぶしゃぶして、さっと火が通ったところで食べる。（写真２、３）

❹あらかた肉と野菜を食べ終わったら、仕上げに焼いた餅を入れて煮込む。かわりにうどんでもよい。（写真４、５）

1 青菜はさっとゆがいて食べられるようざく切り。長ねぎ、ごぼうは細切りに。

2 野菜から水分が出るのでベースのスープは濃いめに。食べる分だけの野菜を入れる。

3 野菜がしなっとしたら、豚肉で包んでほおばる。これがキハチ流の正しき食し方。

4 餅はこんがり焼き色をつけて、香ばしさを味わう。

5 最後は、野菜のうまみが出たスープで、餅を煮る。スープをたっぷり吸った餅は格別。

青菜とピータンの炒め

材料（４人分）

塌菜《ターツアイ》……………………小３株
青梗菜《チンゲンツアイ》…………………小２株
油菜心《ユウツアイシン》……………………½束
ピータン…………………２個
にんにくのしょうゆ漬け
……………………………２かけ
チキンブイヨン……大さじ３
サラダ油…………………適量
塩……………………………適量
砂糖…………………………少々
しょうがのみじん切り
……………………………小さじ１
赤唐がらし………………１本
こしょう、しょうゆ
……………………………各少々
水溶き片栗粉……………適量

作り方

❶塌菜、青梗菜はそれぞれ六つ割りに、油菜心はざく切り、赤唐がらしは種を取って小口切りにする。

❷ピータンを八つ割りにして、熱湯にさっとくぐらせる。

❸にんにくのしょうゆ漬けは薄切りにして、サラダ油でさっと油通しする。

❹鍋でブイヨン、サラダ油を煮立て、塩小さじ１、砂糖で調味した中で野菜をさっとゆで、引き上げる。

❺④にしょうがと赤唐がらしを加え、青菜、②、③を加えて炒め合わせ、塩、こしょう、しょうゆで味を調え、水溶き片栗粉で軽くとろみをつける。

●青菜炒めは、食べた時、シャキシャキした歯ざわりを残すことがポイント。

シャキシャキした青菜の
歯ざわりがたまらない

中国野菜のソテーサラダ

材料（４人分）
青梗菜《チンゲンツアイ》、塌菜《ターツアイ》
……………………各小½株
小松菜 …………………½わ
ごま油 …………………少々
スモークチキン………300ｇ
揚げ油 …………………適量
酢………………………少々
卵 …………………… ４個
バジルペースト（市販品）
……………………大さじ４
EXVオリーブ油、オリーブ油
………………………各適量
塩、こしょう ………各少々

作り方

❶各野菜は大きめに切り、ごま油２～３滴を加えた熱湯でさっとゆでる。

❷スモークチキンは170℃の油でこんがりと揚げ、一口大に切る。

❸熱湯に酢を入れた中に卵を落とし、半熟状のポーチドエッグを作る。

❹バジルペーストをEXVオリーブ油でとろとろにのばし、塩、こしょうで調味する。

❺野菜をオリーブ油でソテーする。食べやすく切ったスモークチキンと皿に盛り、③のポーチドエッグと④のソースを添える。

とろとろの卵の黄身を
ソースのひとつにして食べる

壬生菜とほうれんそうサラダ

材料（4人分）

壬生《みぶ》菜……………………½わ
スモークサーモン……8切れ
レモン汁、EXVオリーブ油
　……………………各少々
フランスパン…………4切れ
にんにく………………1かけ

ドレッシング
　赤ワインヴィネガー
　　………………小さじ1½
　バルサミコ酢……大さじ1
　EXVオリーブ油…大さじ4
　しょうが汁………小さじ1
　塩、こしょう………各少々
サラダ用ほうれんそう
　……………………………1わ
パルメザンチーズ………適量

作り方

❶壬生菜の葉を適当にちぎり、スモークサーモンで巻いて、さっとグリルし、すぐにレモン汁とEXVオリーブ油をふっておく。

❷フランスパンの表面をにんにくでこすり、オーブントースターでカリッと焼いて手でちぎる。

❸ドレッシングの材料を合わせ、手でちぎったほうれんそうをあえる。

❹①を皿に盛り、上に③をわんさかのせ、②を散らし、パルメザンチーズをたっぷりと散らす。

ランチだったらメインになる
ボリューム満点のサラダ

FEBRUARY

2月

根菜

農園から掘りたて泥つきの根菜がやってきた。にんじんは苦手、と思いながらも、勇気を出して3種類ものにんじんが入ったふかひれスープを作り出した。また、日頃、作ることのない家庭料理的な味に挑戦し、ごぼうの香り高さを教えてくれるのもキハチスタイルならでは。おかげで、ふだんは地味めな印象の根菜たちが、なんとも賑やかな姿でそろうことになった。

*

中華料理は陰の手間暇たるやすごいものがあるけれど、これはその代表。ふかひれは缶詰を使ったけれど、上湯《シャンタン》（スープ）はとってほしい。中華の真髄がきっとわかるはずです。

にんじん・ふかひれスープ

中華料理のレシピのなかで
とびきりごちそうのスープ

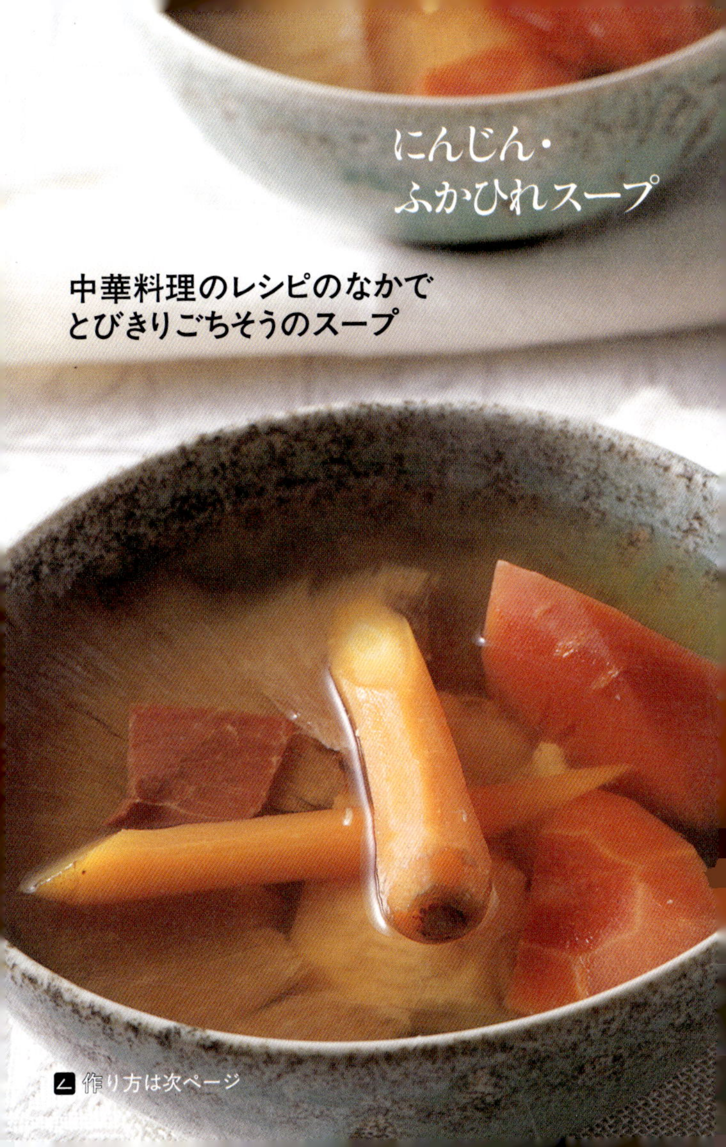

作り方は次ページ

にんじん・ふかひれスープ

材料（4人分）

朝鮮にんじん……………1本
ミニキャロット…………4本
京にんじん………………1本
地鶏………………………½羽
チキンブイヨン…………適量
金華《きんか》ハム（中国ハム）……20g
ふかひれ（缶詰）…………4枚
上湯《シヤンタン》………………………600cc
老酒《ラオチユー》、塩……………各少々

上湯（約カップ4）

金華ハム……………50g
鶏骨つき肉…………2kg
豚もも肉……………1.5kg
長ねぎ………………1本
粒こしょう…………2g
水……………………3ℓ
しょうが……………2かけ
なつめ………………2個

作り方

❶地鶏は、器に入れてチキンブイヨンをひたひたにはり、電子レンジか蒸し器で蒸す。蒸し上がったら骨を抜いて、適当な大きさに切る。
❷朝鮮にんじんは、熱湯につけて柔らかくもどす。
❸ミニキャロットと京にんじんは適当な大きさに切り、軽く下ゆでする。金華ハムは薄切りにする。
❹器に①、②、③とふかひれを入れ、上湯を注ぎ、老酒、塩を加え、蒸し器で約2時間蒸す。

●朝鮮にんじんは漢方薬局で手に入る。

1 ここは上湯の作り方。金華ハムを薄切りにする。金華ハムはだし用によく使う。

2 鶏肉は骨つきのままぶつ切りにし、たっぷりの水で一煮立ちするまで下ゆでする。

3 豚肉もぶつ切りにし、同じように下ゆでして水でよく洗う。余分な脂やあくを除く。

4 下ゆでした肉と残りの材料をすべて鍋に入れ、煮立つまで強火、後は弱火にしてあくをすくう。

5 鍋の中で材料がおどったりしないよう、ごくごく弱火で約1時間、⅔量に煮詰める。

6 できあがりのスープは澄んだ状態に。肉はほぐしてサラダや炒め物に使う。

かぶのココナッツミルク煮

材料（４人分）
かぶ……………………大４個
バター ………………大さじ２
ベーコン ………………… ４枚
チキンブイヨン ………260cc
ココナッツミルク ……200cc
塩、こしょう …………各適量

作り方

❶かぶは茎の部分を残して皮をむく。

❷鍋にバターを熱し、ベーコンを1.5cm幅に切って焦がさないように炒める。香りがたってきたらかぶを加え、チキンブイヨン、ココナッツミルクを入れ、一煮立ちしたら塩少々を加え、弱火で煮る。

❸かぶが柔らかく煮えたら味をみて、塩、こしょうで味を調える。

●かぶのような根菜類は、一煮立ちしたらすぐに塩を加えるのがコツ。

フランスの伝統家庭料理を
ココナッツミルクでさっぱりと

ごぼうと地鶏のトスカーナ風

材料（4人分）
ごぼう……………………1本
地鶏骨つきもも肉………4本
かぶ（葉つき）…………2個
長ねぎ……………………½本
トレヴィス………………8枚
にんにく…………………1かけ
赤唐がらし………………1本
白ワイン…………………100cc
チキンブイヨン…………300cc
ローリエ…………………1枚
オリーブ油、EXVオリーブ油
……………………………各適量
イタリアンパセリ………適量
塩…………………………適量

作り方

❶鶏肉はぶつ切りにして軽く塩をふって下味をつける。

❷ごぼうは皮をこそいで斜め薄切りにして水にさらす。

❸かぶ、ねぎ、トレヴィスは一口大に。かぶの葉もざく切りにしてとっておく。

❹にんにくは皮をむいてつぶす。赤唐がらしは種を除く。

❺鍋にたっぷりのオリーブ油、にんにく、赤唐がらしを熱し、香りがたってきたら②と③のかぶの葉を除いた野菜を炒め、白ワインを加え、強火でアルコール分をとばす。

❻①の鶏肉も加え、ブイヨンとローリエを加えてかぶが煮くずれるくらいまで煮込む。かぶの葉を加え、塩で味を調え、イタリアンパセリを散らす。最後にEXVオリーブ油を回しかける。

ごぼうの野性的な香りが
食欲をそそるイタリアン

きんきの蒸し煮針ごぼうのせ

材料（2人分）
ごぼう……………………½本
酢………………………少々
きんき……………………1尾
昆布………………3～4cm
酒……………………大さじ1
かつおだし汁…………200cc
みりん、薄口しょうゆ
…………………各大さじ1
塩…………………………適量
水溶き片栗粉……………適量
ごま油……………小さじ½
ゆずの皮と絞り汁、いり白ごま、一味唐がらし…各少々

作り方

❶ごぼうは皮をこそげ、1mm幅に切り、酢水に2回ほどさらす。

❷きんきはうろこや内臓を取り除き、水けをよくふいて腹の中と皮に軽く塩をふって下味をつける。

❸深めの皿に昆布を敷き、きんきをのせ、酒とかつおだし汁をかけ、ラップをして電子レンジに2分ほどかける。

❹③の蒸し汁にみりんと薄口しょうゆを足して煮立て、塩で味を調え、①のごぼうをさっと煮て、水溶きの片栗粉を加え、手早くごま油、せん切りにしたゆずの皮と絞り汁を加える。

❺器にきんきを盛り、④のごぼうソース、白ごま、一味唐がらしを添える。

白身魚のあっさりしたうまみと
ごぼうの香りがよく合う

MARCH

3月

キャベツ・花野菜

各月にそれぞれの思いはあるけれど、多くのシェフが口をそろえて「好きなのは春先。色とりどりの野菜が出回るから」。さしずめ3月はそんな月。そこでキャベツ一族の登場だ。中華鍋で豪快に作る回鍋肉は中身がお楽しみ。これは自信作です。いとこ格のカリフラワーやブロッコリーのインドや中華風の味もキハチならではのスタイルだ。

＊

キャベツはパリパリ、生き生き感があり、そこにしっかり味のソースがからみついている。これがほんとうの回鍋肉です。安いお手軽定食のイメージがあるけど、根性入れて一度、作ってみてください。うまさがわかります！

回鍋肉《ホイコーロー》

キャベツのパリパリ感がある
ほんとうのうまい作り方

作り方は次ページ

回鍋肉《ホイコーロー》

材料（4人分）

キャベツ……………………½個
赤・緑ピーマン………各½個
長ねぎ………………………1本
サラダ油……………………適量
豚ばら薄切り肉…………300g

合わせ調味料

豆板醬《トウバンジャン》……………大さじ1
甜麵醬《テンメンジャン》……………大さじ3
しょうゆ………大さじ1½
砂糖………………大さじ1
酒……………………小さじ1
にんにくの薄切り
……………………1かけ分

ごま油………………大さじ1

作り方

❶キャベツの葉は5㎝角に切り、芯の部分はたたいておく。

❷ピーマンは適当な大きさに、ねぎは斜めに切る。

❸豚肉は大きめに切り、鍋を焼いてサラダ油を入れて熱し、さっと炒めて取り出しておく。（写真1）

❹鍋にサラダ油をたっぷりと熱し、キャベツをさっと油通しし（写真2）、続いてピーマンも油通しする。

❺鍋にサラダ油を熱し、合わせ調味料の豆板醬を入れ、香りがたってきたらその他の調味料を加え混ぜる。（写真3）

❻ねぎを加え、さっと炒めたら、豚肉と④の野菜をもどし入れ、野菜に合わせ調味料が行き渡ったら、つや出しと風味づけにごま油を入れ、さっと混ぜ合わせ、できあがり。（写真4）

1 鍋をよく焼いてからサラダ油を熱し、豚肉を炒める。表面が白っぽくなる程度に。

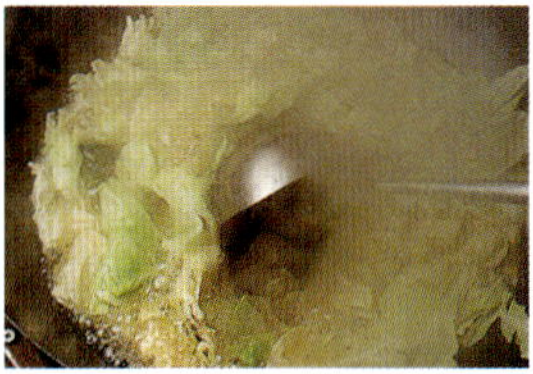

2 熱した油の中にキャベツを入れ、2～3秒、油の中で泳がせ、すぐに引き上げる。

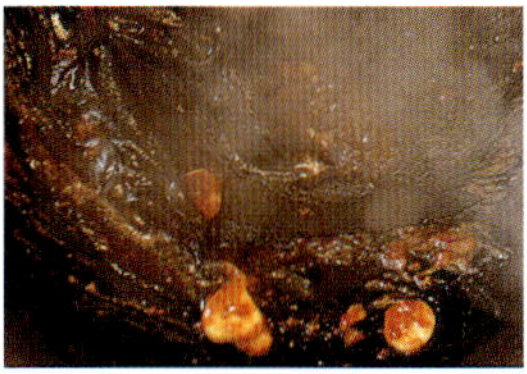

3 合わせ調味料は鍋肌に焼きつけるようにして香りがたつまでよく熱するのがポイント。

4 最大限の火力で鍋を大きくゆすりながら一気に炒め合わせる。炒める時間は5～6秒。

カリフラワーのサブジ

材料（4人分）
カリフラワー……………⅔株
サラダ油……………大さじ5
クミンシード……ひとつまみ

スパイス類
- クミンパウダー、ターメリックパウダー………………各小さじ2
- カイエンヌペッパー…………………………少々
- ガラムマサラ……小さじ1

塩、こしょう…………各少々

作り方

❶鍋にサラダ油とクミンシードを加え、香りがたってくるまで熱する。

❷カリフラワーを小房に分けて加えてざっと炒め、ガラムマサラ以外のスパイスを加え、ふたをして170℃のオーブンで15分ほど蒸し煮にする。

❸鍋を取り出し、ガラムマサラを加え、塩、こしょうで味を調え、さらに10分ほど蒸し煮にする。冷めても美味。

スパイシーなインドの香りで
さっと炒めたシンプルレシピ

ブロッコリーと干し貝柱炒め

材料（4人分）

ブロッコリー……………1株
干し貝柱…………………25g
揚げ油……………………適量
サラダ油…………大さじ1
しょうがのみじん切り
　…………………小1かけ分
┌コンソメ（顆粒）
│　…………………小さじ⅓
└水………………大さじ1½
干し貝柱のもどし汁
　………………大さじ2½
塩…………………………少々
水溶き片栗粉……………適量

作り方

❶容器に干し貝柱とひたひたの水を入れ、ラップでおおって電子レンジに3分ほどかけてもどし、身をほぐす。もどし汁はとっておく。

❷ブロッコリーは小房に分け、歯ざわりが残る程度に油でさっと揚げる。

❸鍋にサラダ油を熱してしょうがを炒め、香りがたってきたらコンソメを水で溶いたもの、干し貝柱、干し貝柱のもどし汁、ブロッコリーを加えてさっと炒め、塩で味を調え、水溶き片栗粉でとろみをつける。

電子レンジで下ごしらえする
簡単キハチ流常備菜

APRIL

4月

アスパラガス・竹の子

我らがボス、熊谷喜八がいつも言うのは「野菜とともだちになること。そして野菜の強さをどう引き出してあげるか」。そこから、シンプルでありながら深みのある料理が生まれる。キハチ風山菜料理、竹の子のローストやトマト味で煮た竹の子は、竹の子の強さが浮き彫りになった力作。アスパラの緑とソースの色の調和が鮮やかなグラタンもメインに匹敵する力強さだ。

*

普通、出回っているのは孟宗竹《もうそうちく》。ここで使うのはねまがり竹といって、春、少しの間出回る竹の子です。東北地方ではよく知られる食材。ほんのりした苦みと歯ざわりを楽しみながら、サラダ感覚で味わってください。

グリーンアスパラと竹の子のロースト

香りと歯ざわりを
シンプルに楽しむ

作り方は次ページ

グリーンアスパラと竹の子のロースト

材料（4人分）

- ねまがり竹 ………… 8～10本
- 米のとぎ汁、ぬか ……各適量
- グリーンアスパラガス …………………………1束
- 野生アスパラガス ………適量
- ソース
  - トマトのみじん切り ……………………½個分
  - ケーパー …………大さじ1
  - 赤唐がらしの小口切り ……………………½本分
  - ベーコン ………………1枚
  - にんにくの薄切り ………………小1かけ分
  - フレンチドレッシング ……………………100cc
- 揚げ油、オリーブ油 ……………………各適量

作り方

❶ねまがり竹をゆでる。（写真1）

❷ねまがり竹を油通しし、縦2つに切ってローストする。皮はまだむかないで。（写真2、3）

❸グリーンアスパラガスをさっとゆで、オリーブ油を塗ってローストする。（写真4）

❹野生アスパラガスをゆでてすぐに氷水で冷ます。（写真5）

❺ソースを作る。ベーコンは細かく切ってカリカリに炒め、にんにくは油で揚げ、残りのソースの材料とよく混ぜ合わせる。

❻②、③、④を手早く盛り、ソースを回しかける。

1 米のとぎ汁とぬかひとつかみを加えた熱湯で、ねまがり竹を皮つきのままゆでる。

2 こくを足すために、さっと油に通す。うまみを逃がさないために皮はつけたまま。

3 油をよくきって縦２つに切って中火の遠火でローストする。焦げやすいので注意して。

4 ゆでアスパラもロースト。ゆで竹の子を加える時も同じくローストする。

5 野生アスパラをゆでて氷水で冷ます。野生アスパラガスはヨーロッパからの空輸品。

新竹の子のトマト煮込み

材料（4人分）
ゆで竹の子…………………小1本
玉ねぎのみじん切り…½個分
にんじん、セロリのみじん切り…………………各⅓本分
赤唐がらし………………½本
オリーブ油………………100cc
鶏ももぶつ切り肉……500g
塩、こしょう、小麦粉、サラダ油……………………各適量
白ワイン…………………100cc
チキンブイヨン…………300cc
トマトソース……………500cc
ローリエ…………………1枚
生しいたけ………………5枚
ケーパー…………………大さじ2
イタリアンパセリ………少々

作り方

❶鍋に玉ねぎ、にんじん、セロリ、赤唐がらし、オリーブ油を入れ、野菜が淡いあめ色になるまで弱火で炒める。この炒め野菜が味のベース。

❷鶏肉に塩、こしょうして軽く小麦粉をまぶし、両面に焼き色がつくまでサラダ油でソテーし、①に加える。

❸白ワインを加え、強火にしてアルコール分をとばし、ブイヨン、トマトソース、ローリエ、塩、こしょうを加え、30分ほど煮込む。

❹竹の子は6～7㎜にスライスし、小麦粉を軽くまぶしてサラダ油でソテーする。生しいたけもそぎ切りにしてソテーする。

❺③の鍋に④とケーパーを加え、10分ほど煮込み、塩、こしょうで調味。盛りつけて刻んだイタリアンパセリを散らす。

竹の子とトマトの
意外な組み合わせ

アスパラガスのグラタン

材料（３人分）
グリーンアスパラガス
……………………………６本
オランデーズソース
┌白ワイン ………大さじ２
│エシャロットのみじん切り
│　……………………少々
│白粒こしょう
│　……………ひとつまみ
│卵黄 ………………１個分
└バター ………………80ｇ
塩……………………………少々
パルメザンチーズ
……………………大さじ３

作り方

❶オランデーズソースを作る。白ワイン、エシャロット、粗く刻んだ白粒こしょうを鍋に入れ、完全に煮詰め、大さじ１の水（分量外）を加えて沸騰させ、すぐに火を止める。
❷ボウルに卵黄を入れ、泡立て器で混ぜ、①の液体だけを少しずつ加えながら混ぜ、混ぜ終わったら湯せんにしてもったりとするまで泡立てる。
❸バターを容器に入れて、ラップでおおい、電子レンジに１分かけ、そのままおいてうわずみだけを取り出す。
❹③のうわずみを②に加え、マヨネーズ状のソースを作る。
❺アスパラガスを塩ゆでし、④のオランデーズソースとパルメザンチーズをかけ、上火のきいたオーブントースターでこんがりと焼く。

新鮮なアスパラガスと
濃厚なソースがよく合う

MAY

5月

お豆

「白いコックコートに憧れて」。シェフたちに料理人を目指した理由を聞いたら、そんな答えがいっぱい返ってきた。厨房で料理に向かう白いコックコート姿のシェフたちは、ホント、皆、カッコいい。でも、そのシェフたちも、料理の世界に入ったばかりの時は、失敗だっていろいろあった。そんな経験をいっぱい抱え、『ジャックと豆の木』の木のように、大きくのびていく。

*

豆料理というと、まず僕の頭に浮かんだのはフランスの伝統煮込み料理カスレーです。そこから展開して春らしい季節感や豆のうまさを表現したのがこの料理。いろんな豆を使うことがポイント。

ほんのり甘い
季節の豆の味を楽しむ

いろいろお豆と
ソーセージ煮込み

作り方は次ページ

いろいろお豆とソーセージ煮込み

材料（４～６人分）
乾燥青大豆 ……………カップ½
枝豆（さやつき）……カップ１
そら豆（正味）………カップ½
さやいんげん ……………… 8本
グリンピース ………カップ１
スナップえんどう ………15本
ミニキャロット …………… 4本
ミニ大根 ……………………… 2本
プチオニオン ……………… 8個
フランクフルトソーセージ
……………………………… 2本
粗びきソーセージ ……… 3本
チョリソーソーセージ
……………………………… 4本
ベーコン（塊で）…………100g
バター ………………………30g
塩、こしょう …………各適量

作り方

❶乾燥青大豆はたっぷりの水に一晩つけてもどす。（写真１）

❷枝豆は下ゆでしてさやから出す。そら豆はさっとゆで、薄皮をむく。いんげんは筋を取り、下ゆでする。

❸ミニキャロット、ミニ大根、プチオニオンの皮をむき、熱湯に塩とバター各少々（分量外）を入れてさっとゆでる。

❹鍋に青大豆、塩とバター各少々（分量外）、③のゆで汁を青大豆がかぶるくらいに入れ、柔らかくなるまで煮る。プチオニオン、ソーセージ類と拍子木切りしたベーコンを加える。（写真２）

❺グリンピース、スナップえんどう、下ゆでした②の豆類、残りの野菜も加え、分量のバターを加えて10分ほど煮込み、塩、こしょうで味を調える。（写真３、４）

1 乾燥青大豆を水でもどす。煮込んでも緑がきれいだし栄養満点な青大豆はぜひ使ってほしい。

2 青大豆が煮えたらプチオニオンやソーセージ、ベーコンを入れる。種類が多いほど味に奥行きが出る。

3 他の豆類を入れる。下ゆでしてある豆類はあまり長時間、煮込まない。

4 ミニキャロットやミニ大根も彩りを大切にしたいので、煮込みすぎないように。

枝豆・うなぎのタイ風甘辛煮

材料（4人分）

枝豆（さやつき）…………300g
塩……………………………適量
うなぎのかば焼き ………1串
水…………………………カップ½
三温糖 ………………大さじ3
ナンプラー …………大さじ3
黒粒こしょう ……………20粒
香菜《シャンツアイ》の根………………3本分
にんにく ………………1かけ
万能ねぎ ……………………½束

作り方

❶枝豆は塩ゆでし、さやから出し、薄皮をむく。

❷鍋に分量の水、三温糖、ナンプラーを入れて弱火で煮溶かす。

❸②にたたきつぶした黒粒こしょう、香菜の根、粗く刻んだにんにくを加え、とろみが出るまで弱火で煮る。

❹かば焼きは一口大に切って加え、煮立ったら3㎝長さに切った万能ねぎと枝豆を入れ、一煮立ちしたら火を止める。

タイの屋台風味つけで
ご飯がすすむ

ばあちゃんのそら豆

材料（４人分）
そら豆（さやつき）……… 8本
じゃが芋 ………………… 2個
EXVオリーブ油 ……大さじ2
イタリアンパセリ ………少々
塩 …………………………少々
サワークリーム …………適量

作り方

❶そら豆はさやから出し、２分ほど塩ゆでして薄皮をむく。

❷じゃが芋は皮をむいて乱切りにして塩ゆでし、ゆであがる寸前に①のそら豆を入れ、粉ふき芋を作る要領で鍋をゆすりながら水分を完全にとばす。

❸火を止め、EXVオリーブ油をざっと混ぜ合わせ、イタリアンパセリを散らしてできあがり。

❹サワークリームを添える。

イタリア修業時代の
思い出のまかない料理

スナップえんどうのオキアミ塩辛炒め

材料(4人分)
スナップえんどう……150g
サラダ油…………大さじ1
合わせ調味料
　オキアミ塩辛
　　………………大さじ1½
　にんにくのみじん切り
　　………………1かけ分
　長ねぎのみじん切り
　　………………大さじ1

作り方

❶スナップえんどうはサラダ油2〜3滴と塩少々(各分量外)を加えた熱湯でさっとゆでる。

❷サラダ油を熱し、合わせ調味料を軽く炒め、①を加え、さっと炒め合わせる。

オキアミの塩辛がもつ
独特の複雑さが絶妙

JUNE

6月

ピーマン・トマト

トマトは皮を湯むきしてから使う。それを知らずにペティナイフで懸命に皮をむいていたのは料理の世界に入ったばかりの頃。でも、それも今では笑い話。トマトをいっぱい使って、色も鮮やかなラタトゥイユを作ってくれた。太陽色のトマトとピーマンは、生でも煮てもおいしい。だから、シェフたちの料理もよりどりみどり、皿数もちょっと多め。

*

主役は太陽色のトマトとピーマンだけど、実は味のポイントは玉ねぎ。ゆっくり炒めて、充分に甘みを出してください。作ったその日より、一晩おいて味をなじませるとよりおいしいです。

トマトとピーマンのラタトゥイユ

玉ねぎをよく炒めることがうまさの隠し味

作り方は次ページ

トマトとピーマンのラタトゥイユ

材料（6～8人分）
トマト……………………8個
赤・黄・緑ピーマン
……………………各3個
玉ねぎ……………………4個
にんにく…………大2かけ
赤唐がらし………3～4本
オリーブ油………カップ1
タイム……………………2枝
ブラックオリーブ…15～20粒
白ワインヴィネガー
……………………大さじ4
塩……………………少々
バジル、イタリアンパセリ
……………………各適量
揚げ油……………………適量

作り方

❶玉ねぎは輪切り、ピーマンはくし形切り、トマトは種を取り、乱切りに。にんにくは包丁の背でつぶし、赤唐がらしは種を取り除く。
❷鍋にオリーブ油、にんにく、赤唐がらしを入れて火にかける。（写真1）
❸玉ねぎを入れ、しんなりとするまで弱火で炒める。
❹玉ねぎがしんなりしてきたら、火を強くして汁けをとばし、タイムを加えて香りをたたせる（写真2）。ピーマンとオリーブを入れて火を通す。
❺ピーマンがしんなりしてきたら、白ワインヴィネガーとトマトを加える。（写真3、4）
❻塩で味を調え、全体を混ぜ合わせ、一煮立ちしたら火を止める。バジルとイタリアンパセリを揚げて添える。

1 にんにく、赤唐がらしは油の中で泳がすように、香りがたつまで炒める。

2 玉ねぎが充分にしんなりしてきたら、風味づけにタイムの小枝を加える。

3 形がくずれないように、なるべく鍋を上下に返すなどして炒める。

4 ピーマンは炒め方が足りないと苦みが出てくるので、しんなりするまで火を通すこと。

ピーマン＆トマトのタイ風サラダ

材料（4人分）

トマト……………………2個

赤・黄・緑ピーマン…各1個

赤玉ねぎ…………………$\frac{1}{2}$個

くらげ（塩漬け）…………50g

ドレッシング

- 生赤唐がらし（種を除く）、香菜《シヤンツアイ》の根のみじん切り…………各1本分
- にんにくのみじん切り…………$\frac{1}{3}$かけ分
- ナンプラー、レモン汁…………各大さじ3
- 砂糖……………大さじ$\frac{1}{2}$

ピーナッツの粗みじん切り…………大さじ2～3

作り方

❶ドレッシングの材料をすべて混ぜ合わせる。

❷くらげは水につけてもどし、熱湯をかけ、冷水にとって水けをきる。

❸トマト、ピーマンは乱切りに、赤玉ねぎは薄くスライスする。

❹野菜、くらげをドレッシングであえ、ピーナッツを散らす。

香菜の香りと赤唐がらし
がきいたドレッシングであえる

トマトと棒牛肉の炒め煮

材料（４人分）
完熟トマト……………… １個
牛ロース肉……………200ｇ
しょうゆ、酒、黒こしょう
……………………各少々
スナップえんどう ……80ｇ
サラダ油………………適量
にんにく、しょうがのみじん切り…………………各少々
ケチャップ……………20cc
チキンブイヨン………150cc
砂糖………………大さじ１
塩……………………少々
水溶き片栗粉…………適量
甘酢………………小さじ½
バジルの葉…………… ２枚

作り方

❶トマトは皮を湯むきして乱切りにし、さっと熱湯に通す。

❷牛肉は棒状に切り、しょうゆ、酒、黒こしょうで下味をつけ、片栗粉（分量外）を薄くまぶし、サラダ油を熱して強火で表面に焼き色がつく程度に焼く。

❸サラダ油をひいたフライパンで、スナップえんどうをさっと炒めて取り出しておく。

❹サラダ油を足し、にんにくとしょうがのみじん切り、ケチャップを入れ、よく炒める。チキンブイヨンを加え、砂糖、塩で味を調える。

❺④に①のトマト、②の牛肉を入れて炒め合わせ、水溶き片栗粉でとろみをつけ、甘酢と刻んだバジルを加え、火を止める。

❻彩りに③を添える。

新鮮なトマトが
最良のソースとなる

JULY

7月

なす・きゅうり

キハチにはフランスやアメリカで修業したシェフがいる。この本で発表した料理で、最も愛着を持っているのがナンプラーの味をきかせたなすのサラダだ。いろんな国を回ってたどりついたオリエンタルな味。キハチの今を象徴している味の一つかもしれない。キハチではきゅうりが春巻きスタイルになったり、シェフの手で思いがけない味に仕立てられている。

*

野菜がどんどん収穫されるこの季節、食卓に出されてもっとも嬉しいのがなすの料理。ピリ辛で、油をたっぷり吸い込んだなすの料理は、白いご飯と最高に合う。たっぷりのビーフンといっしょに熱々をほおばる。

ピリ辛でちょっとこってり
メインのおかず

なすのピリ辛ビーフン

∠ 作り方は次ページ

なすのピリ辛ビーフン

材料（4人分）

なす……………………………6本
揚げ油…………………………適量
赤唐がらし…………3～5本
サラダ油………………………適量
にんにくのみじん切り
……………………………小さじ1
豚ひき肉…………………100ｇ

合わせ調味料
┌しょうゆ………大さじ1½
│砂糖………………小さじ1
└チキンブイヨン………120cc
水溶き片栗粉………大さじ2
ごま油………………大さじ1
酢……………………大さじ1⅓
ビーフン……………………100ｇ

作り方

❶なすは縦半分に切って、切り目を入れ、油でさっと揚げる。（写真1）

❷赤唐がらしは種を抜く。

❸フライパンにサラダ油を熱し、にんにくのみじん切り、赤唐がらしを炒め、香りがたってきたらひき肉を炒め、合わせ調味料を加える。（写真2）

❹①のなすを加え（写真3）、煮立ったら水溶き片栗粉でとろみを軽くつけ、仕上げにごま油と酢を加え、いったん火を止める。

❺ビーフンは80℃の熱湯につけてもどし、水けをきってサラダ油でさっと炒める。（写真4）

❻④を温め、⑤のビーフンにたっぷりとかける。

1 味がよくなじむよう、なすは縦に切り目を入れて揚げる。水けをよくふいて揚げること。

2 ひき肉を炒める時は、肉が焦げつかない程度の強火にしてさっと炒める。

3 合わせ調味料を加え、揚げなすも加えて煮込む。

4 ビーフンをもどしたら、水けをよくきって、たっぷりのサラダ油でさっと炒める。

オリエンタルな焼きなすサラダ

材料（4人分）

なす……………………4本
ナンプラー……………少々
ソース
- 干しえび……………50g
- しょうがのみじん切り……………小1かけ分
- サラダ油……………100cc
- にんにくのみじん切り……………小さじ1
- 長ねぎのみじん切り……………½本分

白《しら》髪《が》ねぎ……………½本分
赤ピーマンのせん切り、香菜《シャンツアイ》……………各少々

作り方

❶なすは縦半分に切り、水にさらしてあく抜きし、グリルパンで焼いて、熱いうちにナンプラーをふっておく。

❷干しえびを粗みじんに刻み、その他のソースの材料と合わせ、中火で温め、香りがたってきたら火を止める。

❸①のなすの上に②のソースをかけ、白髪ねぎと赤ピーマンのせん切り、香菜を添える。

●なすはガスの火で網焼きしてもよい。しっかりと焼き色をつけて焼くことが重要。

●残ったソースは冷ややっこやお浸しにも使える。

焼いたなすとオリエンタルな
ドレッシングが絶妙に合う

かぼちゃといっしょの揚げなすサラダ

材料（４人分）
なす……………………… ４本
かぼちゃ ………………¼個
トマト ………………… １個

ドレッシング
オリーブ油…………100cc
レモン汁 ………… １個分
しょうゆ ………小さじ２
揚げ油 ……………………適量

作り方

❶なすは２cm角、かぼちゃは１cm角に切り、油でカラリと揚げる。

❷トマトは１cm角に切り、ドレッシングで野菜すべてをあえる。

揚げたなすとかぼちゃに
ドレッシングがよくしみ込む

きゅうりの梅味巻き揚げ

材料（４本分）
きゅうり……………………１本
あさつき……………………４本
鴨ロースト（市販品）
…………………………約200ｇ
梅味唐がらし
梅のペースト、砂糖
………………各大さじ１
酢…………………大さじ½
もろみみそ………大さじ５
豆板醤《トウバンジャン》、にんにくの絞り汁
………………各小さじ½

ライスペーパー…………６枚
水溶き片栗粉……………少々
薄衣
小麦粉……………………35ｇ
水…………………………80cc
塩…………………………少々
揚げ油……………………適量

作り方

❶梅味唐がらしの材料をよく混ぜ合わせる。
❷きゅうりは６㎝の棒状に切り、鴨ローストは同じ長さの薄切りに、あさつきも６㎝に切る。
❸ライスペーパーを１枚広げ、手前部分は半分に切ったライスペーパーを1枚重ねて、具がのる部分を補強。
❹手前側にきゅうり、あさつき、鴨ローストの薄切り、梅味唐がらし小さじ１をのせ、手前から巻いていき、巻き終わりは水溶き片栗粉をちょっと塗ってとめる。
❺薄衣の材料を混ぜ合わせ、④に軽くつける。160℃くらいの油で揚げ、最後に油の温度を上げて１～２秒待つ。するとカラリと揚がる。

衣はサックリ、きゅうりは
カリッとした食感

AUGUST

8月

夏野菜

キハチのコックコートの基本は半袖。厨房の中は、冬だってそれでも平気なくらいだから、夏の厨房の暑さはおして知るべし。そこで登場の、ビタミンいっぱいの夏バテに強い野菜たち。どれもクセがあって好き嫌いが多い野菜かもしれないけれど、それだけに腕のふるいがいがある。「素材に対して先入観を持つな」という、ボスの口癖通りの新しい味が誕生した。

＊

暑くて暑くてご飯物はもうカンベン、というときは、さっぱりした麺類だったらいけるでしょ。夏の野菜の女王、モロヘイヤを使った酸辣湯がスープの麺。鶏がらベースのあっさりスープに酢とこしょうがきいて、夏バテ解消の一品。

モロヘイヤの酸辣湯麺《サンラータンメン》

モロヘイヤのぬめりと
さっぱりスープで夏バテ解消

作り方は次ページ

モロヘイヤの酸辣湯麵《サンラータンメン》

材料（２人分）

モロヘイヤ ……………… 1束
鶏がらスープ ……カップ３
塩 ………………………小さじ２
中華生麵 ……………… ２玉
酢 ……………………大さじ３
こしょう ………………少々
タバスコ ………………適量

作り方

❶モロヘイヤは葉の部分だけをつまんで熱湯でさっとゆで、氷水にさらし、あく抜きする。（写真1、２）

❷①をみじん切りにする。（写真３）

❸鍋にスープを熱し、②のモロヘイヤを加え、塩で味を調える。（写真４）

❹中華生麵をゆでる。（写真５）

❺どんぶりに酢とこしょうを入れ、③の熱いスープと麵を入れる（写真６）。最後にタバスコをふる。

●モロヘイヤはビタミンAがたくさん含まれている栄養野菜だが、難点はしゅう酸が含まれていること。水によくさらしてから使うようにする。

●スープは、市販の中華用鶏がらスープの素を利用すると簡単で便利。

1 たっぷりの熱湯にモロヘイヤの葉を加え、さっとゆでる。ゆですぎは禁物。

2 ゆであがったらすぐに氷水にとる。

3 水けをよく絞り、包丁でトントンとみじんに刻んでいく。するとぬめりが出てくる。

4 熱いスープにモロヘイヤを加え、塩で味を調える。煮すぎないで手早くすること。

5 スープを熱くすると同時に生麺がゆであがっているのが理想の手順。

6 スープをどんぶりに入れてから麺を加える。

オクラとイクラの冷製パスタ

材料（２人分）
オクラ……………………12本
イクラ……………大さじ４
ソース
- マヨネーズ…………50cc
- 生クリーム…………20cc
- 塩、こしょう、レモン汁……………………各少々

フェデリーニ…………120ｇ
EXVオリーブ油…………40cc
レモン汁……………１個分
トレヴィス、チコリ、セルフィーユ……………各適量

作り方

❶オクラはゆでて冷水でさっと冷やし、１～２本は飾り用に斜め薄切りに、残りは細かく刻む。

❷ソースの材料を混ぜ合わせる。

❸パスタは少し柔らかめにゆで、冷水でさっと冷やし、水けをきる。

❹オクラ、イクラ、EXVオリーブ油、レモン汁を混ぜ合わせ、③のパスタをあえる。

❺皿に④を盛りつけ、トレヴィス、チコリ、セルフィーユ、飾り用のオクラを適当に散らし、ソースをかける。

●ソースは、写真のように絞り袋に入れてかけると、見た目にも華やかで素敵。

●フェデリーニは別名ヴェルミチェッリとも呼ばれる、直径1.5㎜前後の細いパスタ。

細麺とオクラの食感が楽しい
サラダ感覚の冷製パスタ

つるむらさきと鮮魚の煮込み

材料（４人分）

つるむらさき……………１束
鮮魚（白身魚の頭）……400ｇ
にがうり…………………¼本
塩…………………………適量
サラダ油…………………適量
老酒《ラオチュー》………………………少々
鶏がらスープ……………１ℓ
長ねぎ……………………１本
しょうが…………大１かけ
香　菜《シャンツァイ》……………………⅕束
豆腐………………………½丁
コンキリエ（巻き貝形パスタ）
……………………………20ｇ
砂糖………………小さじ⅔

作り方

❶にがうりは縦半分に切って種を取り、小口切りにして塩で軽くもむ。

❷鮮魚の頭はよく水で洗い、サラダ油を熱した鍋に入れ、全体に軽く焼き色をつけて老酒を入れ、アルコール分をとばす。

❸②に鶏がらスープ、ぶつ切りにしたねぎ½本分、薄切りにしたしょうがを入れ、10分ほど強火で煮る。

❹ざく切りにした香菜とにがうりを入れ、さらに10分くらい煮る。この間にコンキリエをゆでる。

❺豆腐、コンキリエを加え、軽く煮て、ぶつ切りにしたつるむらさきを入れ、砂糖、塩で調味。残ったねぎを白髪《しらが》ねぎにして食べる直前に加える。

●暑い季節には熱々の料理で立ち向かう。これは、香港の人たちの夏バテ防止の考え方。

香港で教わった夏の
パワフルな家庭料理

卵チャーハンのオクラあんかけ

材料（2～3人分）
オクラ……………………6本
赤・黄ピーマン………各½個
玉ねぎ……………………½個
鶏胸肉…………1枚（300g）
サラダ油…………………適量
あんかけ用合わせ調味料
　老酒《ラオチュー》…………大さじ1½
　鶏がらスープ………120cc
　砂糖…………小さじ1½
　ケチャップ………小さじ1
　長ねぎのみじん切り
　　………………大さじ2
　にんにく、しょうがのみ
　　じん切り……各小さじ1
水溶き片栗粉…………適量
卵……………………………1個
ほうれんそう……………2本
ご飯………………茶碗2杯分
塩……………………………適量

作り方

❶オクラあんを作る。オクラは小口切り、ピーマン、玉ねぎ、鶏肉はそれぞれ2cm角に切る。野菜類はさっと油に通す。

❷フライパンにサラダ油を熱し、鶏肉を炒め、合わせ調味料を加え、煮立ったら①の野菜を入れて軽く塩で味を調え、再び煮立ったら水溶き片栗粉で軽くとろみをつける。

❸卵チャーハンを作る。卵を溶き、ほうれんそうは2cm幅に切る。中華鍋にサラダ油を熱し、溶き卵を入れ、半熟状態の時にご飯を加えてよく炒め、最後にほうれんそうを加え、軽く塩で味を調える。オクラあんに味がついているので薄味に。

❹チャーハンにオクラあんをかける。

ビタミン豊富なオクラで
夏バテ防止メニュー

SEPTEMBER

9月

かぼちゃ・ズッキーニ

修業中の辛かったこと、楽しかったことを思い出しながら、シェフがかぼちゃのダイナミックな料理を紹介してくれた。このかぼちゃとトリッパ煮込みは、まかないでよく食べた思い出の料理だ。フランスでは、このような煮込み料理があまると、それにじゃが芋を加え、ミートソースを絡めてオーブンで焼く。この煮込みもかぼちゃをつぶしてオーブンで焼けばフランスならではのお惣菜となる。

*

日本でいう「もつ煮込み」、材料のトリッパはゆでたものも売っていますが、ここでは新鮮なものを初めからゆでました。香味野菜をたっぷり加えて、柔らかくなるまでじっくりゆでた味は、抜群ですよ。

かぼちゃとトリッパ煮込み

かぼちゃの甘みと
トリッパのうまみが合う

作り方は次ページ

かぼちゃとトリッパ煮込み

材料（6人分）

かぼちゃ…………………½個
トリッパ（ハチノス、センマイ、ミノなど）………600g
トリッパ用香味野菜（にんにく、にんじん、セロリ、玉ねぎ、長ねぎの青い部分）………………………各適量
玉ねぎ……………………1個
にんにく………………1かけ
バター……………………適量
チキンブイヨン…………1ℓ
ブーケガルニ（長ねぎ、セロリ、ローリエ、パセリ、タイム）……………………1束
塩、こしょう…………各適量

作り方

❶トリッパは水をかえてよく洗い、鍋に香味野菜とかぶるくらいの水を入れ、柔らかくなるまで3時間ゆでる。（写真1）

❷かぼちゃは種を取り（写真2）、皮をまだらにむいて大きめに切る。玉ねぎは薄切り、トリッパは食べやすい大きさに切る。

❸にんにくはたたきつぶして玉ねぎとバターで炒める。（写真3）

❹トリッパとかぼちゃを加えてよく炒め、ブーケガルニ、ブイヨンを加えて煮込む。途中、何度か上下を返して味をなじませ（写真4）、かぼちゃが柔らかくなったら塩とこしょうで味を調える。

1トリッパは牛の胃袋の総称。じっくりと柔らかくゆでて使う。残ったらパスタなどに。

2かぼちゃの種はスプーンでえぐり出すようにすると繊維の部分もきれいに取り除ける。

3玉ねぎはじっくり炒めて甘みを引き出すことが、おいしく煮るポイント。

4時々、鍋の中身を上下に返して、味が全体になじむようにしながら、じっくり炒める。

かぼちゃのチャイナ風煮物

材料（4人分）

かぼちゃ……………………¼個
トマト……………………… 2個
ズッキーニ ……………… 1本
玉ねぎ……………………½個
鶏胸肉………… 1枚（250g）
揚げ油……………………適量
サラダ油…………大さじ1

合わせ調味料

- 老酒《ラオチュー》……………大さじ1
- チキンブイヨン……300cc
- しょうゆ ………大さじ2
- 砂糖……………大さじ1
- こしょう ……………少々

ごま油……………大さじ1

作り方

❶トマトは皮を湯むきしてざく切り、かぼちゃは大きめのくし形切り、ズッキーニは乱切り、玉ねぎは薄切り、鶏肉は一口大に切る。

❷かぼちゃはカラリと揚げ、玉ねぎとズッキーニは油通しする。

❸サラダ油を熱して鶏肉を炒め、合わせ調味料を加えてしばらく煮て、②の野菜を加える。途中、トマトを加え、汁けがなくなるまで弱火で煮て、最後にごま油を回しかける。

老酒の香りとトマトの
味わいが新鮮

ズッキーニのピュレ

材料(約1カップ分)
ズッキーニ……………………2本
にんにく……………………1½かけ
水、牛乳……………………各適量
アンチョビペースト
……………………大さじ1
EXVオリーブ油……………50cc
イタリアンパセリ…………少々
塩……………………………少々

作り方

❶ズッキーニは柔らかくなるまでまるごと塩ゆでにする。ゆで時間は10〜15分。

❷にんにくは水に同量の牛乳を混ぜたもので3回くらいゆでこぼす。

❸ズッキーニは乱切りにし、②のにんにく、アンチョビペーストとミキサーに入れてミキシング。さらにEXVオリーブ油を少しずつ加えながらとろっとしたペースト状になるまでミキシング。最後にイタリアンパセリを加えてミキシング。

●アンチョビペーストにかなりの塩味があるが、足りないようなら塩を少々足す。

●パンにつけて、またはグリエ（網焼き）した魚や野菜のソースとして食べると最高。

緑のピュレをパンにつけて
ワインがすすむ究極のコンビ

OCTOBER

10月

きのこ

「レシピにこだわるな」これもボスの口癖だ。要は、状況に敏感に対応することが大切だと。フー、これって私たちにはいちばん、難しいことかもしれない。でも、せめてここで紹介したきのこ料理は、レシピ通りのきのこでなくても平気だと思って。好きな季節のきのこを集めて、作ってみてください。失敗もまたよし。それもおいしい料理の作り手になる通過点なのだから。

＊

ここではいろんなきのこを使いますが、種類にはあまりこだわらなくていいです。季節限定で出回る地方色の強いきのこも、香りが強くて魅力的ですね。ここでは、そのきのこに相性のいいチーズを組み合わせ、味わってもらいます。

いろいろきのこのグラタン

季節のきのこに
チーズの香りを添えて

作り方は次ページ

いろいろきのこのグラタン

材料（５〜６人分）
しめじ、生しいたけ、エリンギ、マッシュルーム……………………各150ｇ
ファルファッレ（蝶形のパスタ）……………………100ｇ
鶏もも肉…………………300ｇ
ホワイトソース ……カップ２
生クリーム……………200cc
パンチェッタ（豚ばら肉の塩漬け）、またはベーコン…………………………50ｇ
玉ねぎの角切り ………１個分
バター、白ワイン ……各適量
パルメザンチーズ ………80ｇ
塩、こしょう …………各少々

作り方

❶ファルファッレはやや固めにゆでる。

❷きのこは石づきを落とし、大きめの一口大に（写真１）。鶏肉も一口大に切る。

❸鍋にホワイトソースと生クリームを中火で温め、軽く塩、こしょうする。

❹角切りにしたパンチェッタと玉ねぎをバターで炒め、鶏肉を加える。鶏肉に火が通ったら中火にしてきのこを加える。

❺④に白ワインを加え、アルコール分をとばし、③とパルメザンチーズ50ｇ、①を加えて混ぜる。（写真２、３）

❻⑤をバターを塗った耐熱皿に移して残りのパルメザンチーズを散らし、200〜250℃のオーブンでこんがりと焼く。

1 いろいろな種類のきのこを使う。その季節で手に入るものを。

2 きのこがしんなりし、鍋底においしいエキスが出たところでソースを加え、少し煮込む。

3 ファルファッレを加え、ソースと混ざり合ったら耐熱皿に移し、オーブンで焼く。

きのこのリゾット

材料（2人分）

エリンギ…………………5本

米…………………カップ1

バター…………………適量

玉ねぎの粗みじん切り

…………………⅓個分

白ワイン…………大さじ2

チキンブイヨン…カップ1½

ゴルゴンゾーラチーズ

…………………60g

パルメザンチーズ…大さじ1

トレヴィス…………適量

塩…………………適量

作り方

❶米は洗わずに20分ほど水につけ、水をきっておく。

❷鍋にバターを熱し、玉ねぎと一口大に切ったエリンギを炒める。

❸②に米を入れ、白ワインを加えて一煮立ちしたらブイヨンを2〜3回に分けて加え、全体を混ぜながら煮る。

❹米の芯がやや残る程度に米が煮上がったら、ゴルゴンゾーラチーズを加えて煮溶かし、仕上げにパルメザンチーズとトレヴィス、バターを加える。塩は味をみて、足りないようなら加える。

きのこのエキスをたっぷり
吸った米の味が最高

ポルチーニのパイ包み焼き

材料(4人分)
乾燥ポルチーニ …………30g
にんじん ……………………½本
セロリ ……………………小1本
玉ねぎ ………………………½個
鶏骨つきもも肉 ………… 1本
チキンブイヨン ……カップ4
ローリエ ………………… 1枚
塩、こしょう …………各適量
ピッツァの皮(または市販のパイ生地)……………… 4枚
卵黄 ………………………適量

作り方

❶にんじん、玉ねぎは皮をむき、セロリは筋を除いて横半分に切る。鶏肉は皮を除く。

❷ポルチーニはひたひたの水でもどす。

❸鍋にブイヨンと②のもどし汁、鶏肉を入れて弱めの中火で煮て、あくをすくったら①の野菜とローリエを加え、弱火でゆっくりと煮る。途中、塩で軽く味を調える。

❹スープをこし、塩、こしょうで味を調える。野菜は一口大に切り、鶏肉は骨をはずして身をほぐす。

❺耐熱器に野菜と鶏肉、ポルチーニを入れ、スープをはる。器の縁に卵黄を塗り、ピッツァの皮をかぶせ、表面にも卵黄を塗って180〜200℃のオーブンで約10分焼く。皮もいっしょに食べる。

皮を破るとポルチーニの
香りがふんわり漂う

いろいろきのことはまぐりのガーリックソテー

材料(4人分)

好みのきのこを合わせて……400g

はまぐり……12個

ガーリックバター

- にんにくのみじん切り……1かけ分
- パセリのみじん切り……大さじ1
- エシャロットのみじん切り……½個分
- バター……50g
- 塩、こしょう……各少々

白ワイン……50cc

エシャロットのみじん切り……1個分

サラダ油……適量

作り方

❶ガーリックバターを作る。バターをクリーム状に練り、にんにく、エシャロット、パセリのみじん切りを加え、軽く塩、こしょうで味を調える。

❷鍋にはまぐりと白ワイン、エシャロットのみじん切りを加え、蒸し煮にする。このとき出た蒸し汁はとっておく。

❸きのこをサラダ油で炒め、はまぐりの蒸し汁と①を加え、皿に盛ったはまぐりにかける。

味の決め手はパセリが
きいたガーリックバター

NOVEMBER

11月

芋

シェフのプライベートな味をいっぱい紹介してくれるのもキハチのいいところ。子供の頃の芋掘りの記憶がよみがえるような、芋がメイン。でも、そこは天下のシェフ。さつま芋はお菓子に、グラタンにはじゃが芋、なんていう固定観念は一切なし。里芋を中華風の一品に仕上げたり、タロ芋なんていう素材も自由自在に使ってしまいます。キハチにくれば、野菜の使い方にびっくりしますよ。

＊

カレー味のソースが決め手の芋グラタンには、タロ芋を使います。これを薄く切って揚げて一緒に食べると、カリカリ、シャキシャキした食感が楽しめます。タロ芋はハワイでは日常的に食べられている食材です。

中華風芋グラタン

タロ芋の食感と
カレーソースが新鮮

作り方は次ページ

中華風芋グラタン

材料（5人分）

じゃが芋……………………150g
タロ芋………………………75g
地鶏もも肉…………………200g
揚げ油………………………適量
ソース
　バター……………………50g
　小麦粉……………………70g
　カレー粉…………………15g
　ブイヨン…………………60cc
　牛乳、ココナッツミルク
　　…………………………各40cc
　塩、こしょう、砂糖
　　…………………………各少々
エリンギ、まいたけ…各40g
カリフラワー………………75g
XO醬…………………………少々
老酒《ラオチュー》……………………………適量

作り方

❶じゃが芋は皮をむいて薄い輪切り、地鶏は一口大に切る。タロ芋は皮をむいて薄切りにして、それぞれ油できつね色に揚げる。

❷ソースを作る。鍋にバターを熱し、小麦粉をよく炒める。カレー粉を加えてさらに炒め、ブイヨンで少しずつのばし、牛乳とココナッツミルクを加えてちょっと煮詰める。塩、こしょうで味を調え、隠し味に砂糖を加える。（写真1、2）

❸エリンギ、まいたけ、カリフラワーは適当な大きさに切る。カリフラワーは軽くゆでておく。

❹フライパンにXO醬を熱して老酒でのばし、①のじゃが芋、地鶏と③にからめる。（写真3、4）

❺耐熱皿に④を入れ、上から②のソースをかけ、180℃のオーブンで10分焼く。焼き色がついたら、①のタロ芋を添える。

1 小麦粉、カレー粉を順に加えてはよく炒めていき、ブイヨンや牛乳などでのばす。

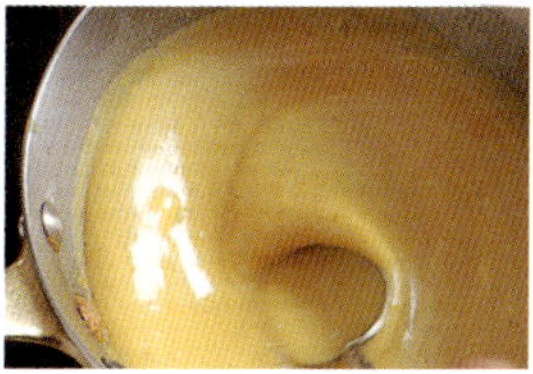

2 ソースの固さは、スプーンですくってとろとろ流れるくらいがいい。隠し味に砂糖を使う。

3 XO醤は、熱すると香りがよくたつので、よく熱してから老酒でのばすのがポイント。

4 香りがたったXO醤に材料をよくからめておくことで、味がより奥行きのあるものになる。

じゃが芋と地鶏の ローズマリー風味ロースト

材料（6人分）

じゃが芋…………小10～15個

地鶏骨つきもも肉………2本

地鶏胸肉…………2枚（400ｇ）

ローズマリー……………3枝

塩、こしょう、強力粉

…………………………各適量

にんにく……………………1個

サラダ油……………………適量

揚げ油………………………適量

ベーコン（塊で）…………100ｇ

バター、サワークリーム

…………………………各適量

作り方

❶鶏肉はぶつ切りにして塩、こしょうし、軽く強力粉をはたく。にんにくは皮つきのまま、1かけずつに分ける。

❷フライパンにサラダ油をひいて、鶏肉とにんにくを焼く。

❸じゃが芋は皮つきのまま160℃くらいの油に入れ、徐々に温度を上げてカラッと揚げ、塩、こしょうする。

❹耐熱皿に③のじゃが芋、②、ローズマリー、拍子木切りにしたベーコンを入れ、②の油を回しかけ、バターをのせて180～200℃のオーブンでローストする。サワークリームを添える。

ローズマリーの香りと
地鶏のうまみを吸ったポテト

里芋のねぎ風味炒め

材料（4人分）
里芋……………………………10個
干し貝柱………………………3個
揚げ油、ねぎ油（市販品）
……………………………各適量
あさつきのみじん切り
……………………………5本分
塩………………………………少々

作り方

❶干し貝柱は水に30分つけてもどし、30分蒸し器で蒸す。表面の汁けをふいて身をほぐし、油で揚げる。

❷里芋は蒸して皮をむく。

❸フライパンにねぎ油を熱し、②の里芋を炒め、軽く焼き色がついたら塩で味を調え、あさつきのみじん切りと①を加えてすぐに火を止める。

ふかし芋にもう一手間
加えてホクホクメニューに

DECEMBER

12月

白菜

一年で一番、忙しい月。そして12月はボスの誕生月。一年間、ご苦労様の意味もこめ、スタッフ手作りのバースデイケーキが贈られる。存在感の大きいボス。そんなボスにちなんで、この月はドカンと大きな白菜を。中華の調理法で白菜のおいしさに開眼したという、まるごと土鍋で煮込んだ味を。ピリ辛グラタンも簡単でユニーク。

＊

ひき肉をはさんで土鍋でコトコト煮ます。ふたをとると、バラのような形の白菜がドカン。ゆずの香りで食べるってところがまた気に入っています。ひき肉は鶏肉を使ったけれど、豚肉でもいいです。

白菜の土鍋煮込み

白菜の芯のうまみを
まるごと味わう豪快鍋

作り方は次ページ

白菜の土鍋煮込み

材料（6～7人分）

白菜……………………………1株
鶏ひき肉…………………………1kg
ゆずの皮のみじん切り
　……………………………1個分
しょうがのみじん切り
　…………………………1かけ分
片栗粉………………………大さじ2

合わせ調味料
- しょうゆ…………大さじ1
- 老酒《ラオチュー》………………大さじ2
- かき油……………大さじ1
- 塩……………………小さじ1
- こしょう………………少々

チキンブイヨン…………適量

作り方

❶白菜は根元から12cmくらいでカット。まるごとゆでる。

❷鶏ひき肉にゆずの皮、しょうが、合わせ調味料を入れてよく練り合わせ、つなぎの片栗粉を入れてさらによく練り混ぜる。

❸白菜の葉の間に片栗粉（分量外）をまぶし、②を詰める。（写真1、2）

❹土鍋に③を入れ、チキンブイヨンをはって、沸騰するまで強火、あとは弱火で1時間ほど煮込む。軸の部分が箸でちぎれるほど柔らかく煮えたらできあがり。（写真3、4）

1 白菜の葉の部分を切り落としてまるごとゆでて、葉の間に片栗粉を軽くまぶす。

2 白菜の葉を押し広げるようにして、そこにひき肉を詰めていく。

3 白菜がすっぽり入る大きさの土鍋を用意。鍋にそっと白菜を移す。

4 白菜からも水分が出るので、スープは鍋の七分目くらいまで。

白菜のシーザーサラダ カリカリベーコン添え

材料（4人分）
白菜の葉……………6〜7枚
赤玉ねぎ………………½個
ベーコン………………4枚
食パン…………………1枚
にんにくのみじん切り
……………………少々
サラダ油、バター
……………………各大さじ1

ドレッシング
EXVオリーブ油……120cc
レモン汁……………40cc
刻んだアンチョビ……15g
すりおろしたにんにく
……………………1かけ分
マスタード……小さじ1
パルメザンチーズ
……………………大さじ1
パルメザンチーズの薄切り
……………………適量

作り方

❶白菜は一口大にちぎり、冷水にさらしてパリッとさせる。

❷赤玉ねぎは薄切りにして水にさらす。

❸ベーコンは半分に切り、カリカリに炒める。パンは1.5cm角に切り、バターとサラダ油ににんにくのみじん切りを加えて熱した中に入れ、焼き色をつける。

❹ドレッシングの材料をミキサーで混ぜ合わせる（ボウルで混ぜてもいい）。

❺①、②、③をドレッシングであえ、パルメザンチーズの薄切りを添える。

白菜を生で食べるという
新しい食感が爽快

白菜のピリ辛マヨネーズグラタン

材料（2～3人分）

白菜の軸の部分……4枚分

ロースハム……3枚

マヨネーズ……120～150cc

豆板醤《トウバンジャン》……大さじ1

バター……少々

パルメザンチーズ…大さじ4

作り方

❶白菜の軸、ロースハムはそれぞれ短冊形に切る。

❷マヨネーズと豆板醤を混ぜ合わせる。

❸グラタン皿にバターを塗り、白菜の軸とロースハムを広げて②のソースをたっぷりとのせ、パルメザンチーズをふり、220℃のオーブンで10～12分、白菜の歯ざわりが残る程度に焼く。

豆板醤のピリ辛ソースで
パンチのきいたグラタンに

KIHACHI

キハチ料理の話

キハチ誕生秘話

「キハチスタイル」はどうやって生まれたのか?

フレンチなのにエスニックの調味料を使ったり、和の野菜が登場したり。独特のキハチスタイル、その誕生の秘密とは……?

我らがボスこと、熊谷喜八がフランスで修業したのは、'70年代。ヌーヴェル・キュイジーヌという言葉が生まれ、フランス料理が大発展を遂げた時代だ。そんな中で揉まれて、帰国。ボスの未来はバラ色のはずだった。

「ところが、台湾へ招かれて挫折感を味わうわけですよ。ムースにテリーヌ、これぞフランスの味と思って出すんだけど食べてもらえない。おまけに生クリームやワインなど、食材にも事欠くことが多い。そんな状況で作りながら、フランス料理とはなんぞや、と考えましたねえ」

日本でも似た状況。フランス料理は高級で、限られた人だけのものだった。その時、ボスの頭に浮かんだのはパリの「ラ・クーポール」という店だった。テーブルクロスは紙マット。ふだん着感覚の料理。体育館のような店内は、いつも大にぎわ

い。あの雰囲気で、多くの人にフランス料理を食べてもらうには、日本という土壌を生かした新しいスタイルが必要なのではないか。

「当時の私の仕事場は『ラ・マーレ・ド・茶屋』という店。もう、地獄のラ・マーレというくらい、つぎつぎに新しい料理を考えては、皆で働きました。食材もフランス一辺倒ではなく、日本にもうまいものはある。日本の野菜だっていける。しょうゆもいい、アジアにも目を向けてみようか、とね」

　試行錯誤の連続。そんな中から、キハチスタイルは一歩一歩、形作られていったのだった。

キハチと農家の話

うまさの秘密は栃木の農園から

「とにかくね、私はミミズに感動したんです。堆肥を持ち上げたら、ウワッと丸々肥えたミミズが山といる。これだけの堆肥を使って育つ野菜だったら間違いないだろうって」とボス。

栃木県の農園から、キハチの厨房へ野菜が届くようになって10年以上がたつ。みどりショップのオーナー、奥村さんの案内でボスやキハチスタッフとそうした契約農園の幾つかを訪ねた。彼はいわばキハチと農園のパイプ役にあたる人だ。

遠くに筑波山系を望む畑。きゅうりやなすなどのおなじみの野菜に交じり、どこの契約農園でもハーブや珍しい洋野菜を育てているというのが、特徴のようだ。

農園主が大きな葉野菜を持ってきた。イタリアの野菜である。種をもらって初めて収穫したものの、果たしてこれでいいのか、見てもらいたいという。

奥村さんは、茎をガリリとかじって匂いをかぐ。どうやら合格したようだ。

「外国から帰ったシェフが、向こうの野菜はおいしいと言う。聞いてて悔しいじゃないですか。そこで種を買ってきてもらって、いろんな農園に頼んで、栽培してもらうわけ。ちりめんキャベツの種を蒔《ま》いたものの、なかなか葉が巻かないとか、赤チコリの種を蒔いたのに芽が出ない。諦めて放っておいたら2年目に芽が出たとか、もう失敗あり笑いありの連続ですよ」

　このところレストランで外国の野菜が増えたけど、その陰には奥村さんや農園の人たちのこうした努力があるのだ。

　そして、自信作ができると、今度は奥村さん、シェフたちに使ってみないかと勧める。この日も農園のトマトで、ガスパチョを作ってみないかと、イタリアンのシェフに勧めていた。

　トマトをかじりながら、シェフは「フーン、そうだなあ」と呟いている。でも、奥村さんは、シェフが言われた通りに作るなんて思っていない。

「シェフというのは、創造者ですからね。私の仕事はヒントを与えるだけ。でもきっとオリジナルな何かは作ると思うけど」

　こんなやりとりは、毎度のこと。こうしてキハチのシェフたち、奥村さん、そして農園の人たち、三者が一体となり、キハチのおいしい料理が生まれていく。

健康野菜スープの話

ボスの朝ごはん

「評判の店には必ず足を運ぶし、キハチ全店の新メニューの試食とかね。食べることも、私の大事な仕事ですから」と語るのは、ボス。

傍目《はため》にはうらやましいほどの御馳走三昧《ざんまい》の日々。とはいえ、ボスも食べすぎが気になるお年頃。唯一、自由に食べられる朝食で、栄養のバランスをとっている。

「まずは野菜スープ。健康雑誌で評判になったスープです。ブームは去ったけど、いまだに私は信奉者でね、これがないと朝が始まらない。あとは近くに農家の畑があるから、そこで買った野菜で数品。きんぴらとかじゃこと大根の葉っぱとか。質素なものですよ」

と照れたけれど、調味料を一切使わない野菜のスープはシンプルそのもの。皮をむかずにことこと煮込んで、野菜のうまみだけをしみじみ味わえる一品です。

「便秘にもすごくききますね、このスープは。私は毎朝、大きなカップで1杯飲んでいます」

ボスの元気の素スープ

材料

大根の葉…………¼～½本分
大根…………………………¼本
にんじん…………………½本
ごぼう……………………20cm
干ししいたけ……… 1～2枚
水……………………………適量

作り方

材料すべてを大きめに切って鍋に入れ、野菜がかぶるくらいの水を加える。弱火で1時間ほど煮て、こして野菜かすなどを除く。

●鍋は耐熱ガラスのものかアルミ製のものを使ってください。

料理修業の話

キハチのまかない飯

午後4時近く。キハチでスタッフの昼食が始まった。スープ、ご飯、各種の炒め物や麺類など10種ほどの料理が並ぶ。

セルフスタイルで皿に料理を盛り、旺盛な食欲をみせる。傍らで心配そうにその様子を見守っているのは、本日の料理担当者。文句が飛んでこないところをみると、まずまずのできだったようだ。

スタッフの食事、通称まかない作りは、新入りスタッフの役目。まだお客様用の料理を作ることはできないが、まかないで腕をふるう。といっても、舌の肥えた先輩相手だから、おいしいという言葉は聞こえてこない。まずければ、厳しい文句が飛ぶ。

料理長クラスは、ここでそのスタッフの素質をキッチリとチェックしている。身内のごはんといっても、新入りスタッフにとってはあなどれない修業の場なのだ。キハチのスタッフはこうして料理の腕を磨いていく。

ねぎ焼き

材料

いか……小1杯
ゆでだこの足……½本
小えび(殻つき)……8～10尾
長ねぎの青い部分……3本分

生地

小麦粉……90g
山芋(すりおろす)……20g
だし汁……90cc
卵……3個

サラダ油……適量

作り方

❶いかは足と胴にわけ、皮をむいて小さく切る。たこも小さく切る。えびは殻をむき、背わたを取って小さく切る。
❷ねぎは小口切りにする。
❸生地の材料を混ぜ合わせ、①、②も加えてざっと混ぜる。
❹サラダ油をひいたフライパンで焼く。
●ソースはマヨネーズと中濃のウスターソースを混ぜたものを表面に塗って、かつお節をたっぷりのせて熱々をいただく。

野菜作りの話①

大使館の庭で野菜作りを始めた

植物を育てる名人「グリーンパワー」を持つ人がいる。さしずめボスは、その一人。きざしはすでに小学生の頃からあった。サボテン栽培にこって、家中、サボテンだらけにしたのだった。

グリーンパワーがいかんなく発揮されたのは、料理人になりたてホヤホヤ、モロッコの日本大使館で働いていた頃のこと。モロッコは冬知らず。市場に行けば、野菜は山とある。でも、大根、ごぼう、白菜など、おなじみの日本野菜はない。料理人としては、今ひとつおもしろくない。そこで……。

「庭に１００坪からの空き地があってね、そこを耕して、畑にしたんですよ。肥料は、牛糞がトラック１台分で５００円くらいで買えるから、それを使う。日本から種を持ってきてもらって、大根、ごぼう……もう一通りは蒔いたかな。気候がいいから、おもしろいほど育つんですよ」

なんと、大使館の庭で野菜作りを始めてしまったのです。

セロリの葉と茎のピリ辛炒め

材料
セロリの葉と茎 ……… 1 株分
サラダ油 ……………大さじ 3
しょうゆ ………大さじ 2 〜 3
酒 ……………………大さじ 2
砂糖 …………………大さじ 1
七味唐がらし ………小さじ⅓

作り方
セロリの葉と茎を食べやすく切ってサラダ油で炒め、調味料すべてを加え、汁けがなくなるまで炒め煮にする。

野菜作りの話②

モロッコで生まれた定番メニュー

モロッコでの野菜作りのこと。一通り栽培を試してみてからというもの、水やりも草むしりも楽しい日課となった。丹精込めて育てたのだから、いとおしい。そうして作ってきた野菜だから、あますところなく料理していった。

ある日のこと、間引きした大根の葉っぱを、ひき肉と炒めて夕食に出したところ、大使がいたく喜んで大のお気に入りメニューとなった。この大根の葉っぱとひき肉の炒め、通称「モロッコ炒め」は、今ではボスの朝食に欠かせない一品だ。

グリーンパワーの恩恵にあずかったのは大使館員だけではない。

「ある日、朝起きたら、庭に牛や馬がウヨウヨしてるんだよね。なにごとかと思ったら、野菜を食べていて、畑は丸坊主。あれにはまいったよねぇ」

とんだハプニングもあったけれど、自分で種を蒔き、育て、料理をしたモロッコでの3年間。この時代を通してボスの野菜を見る目、野菜への執着が生まれていったのだ。

モロッコ炒め

材料

豚ひき肉……………………200g
にんにくのみじん切り
　……………………小1かけ分
サラダ油 ………大さじ3～4
大根の葉 ………… 3～4本分
玉ねぎの薄切り ……小1個分
塩、こしょう …………各少々
みりん ………………大さじ4
しょうゆ …………大さじ1½
うまみ調味料、七味唐がらし
　…………………………各少々

作り方

❶鍋にサラダ油を入れ、豚ひき肉とにんにくを炒める。
❷ざく切りにした大根の葉と玉ねぎを加え、炒めながら塩、こしょう、みりん、しょうゆ、うまみ調味料、七味唐がらしの順に加えて調味する。

本作品は、小社より１９９８年10月に刊行された『ＫＩＨＡＣＨＩ野菜12ヵ月』を、文庫収録にあたり加筆・再編集したものです。

熊谷喜八ー1946年、東京に生まれる。「ＫＩＨＡＣＨＩ」総料理長。セネガル、モロッコ日本大使館料理長を歴任後、1972年にはフランス・パリの「マキシム」、「パヴィヨンロワイヤル」で研鑽を積む。1975年に帰国後、高樹町「シルバースプーン」、葉山「ラ・マーレ・ド・茶屋」の総料理長を務めたのち、レストラン「ＫＩＨＡＣＨＩ」を開店する。ジャンルにとらわれないキハチならではの料理を提供する。
著書には『ＫＩＨＡＣＨＩ四季のレシピ集 Ⅰ〜Ⅳ』（ＮＨＫ出版）、『ＫＩＨＡＣＨＩ野菜12ヵ月』（講談社）などがある。

講談社+α文庫 KIHACHI《キハチ》流《りゅう》野菜《やさい》料理《りょうり》12カ月《げつ》

熊谷《くまがい》喜八《きはち》

2006年9月20日第1刷発行

発行者――――野間佐和子
発行所――――株式会社 講談社
東京都文京区音羽2-12-21 〒112-8001
電話 出版部(03)5395-3527
販売部(03)5395-5817
業務部(03)5395-3615
写真――――今清水隆宏
デザイン――――鈴木成一デザイン室
印刷・カバー印刷―凸版印刷株式会社
製本――――株式会社国宝社

落丁本・乱丁本は購入書店名を明記のうえ、小社業務部あてにお送りください。
送料は小社負担にてお取り替えします。
なお、この本の内容についてのお問い合わせは
生活文化第一出版部あてにお願いいたします。
Printed in Japan ISBN4-06-281051-4
定価はカバーに表示してあります。